बेनाम कब्रगाह

दीक्षा पटेल

notionpress.com
INDIA • SINGAPORE • MALAYSIA

ISBN
Paperback 979-8-90431-300-5
Hardcase 979-8-90431-915-1

अंतर्वस्तु

ईश्वर के नाम

1

न बुनियाद है किसी की यहां हमेशा से
न कोई चेहरा हमेशा रहा है
गर रहा है कोई
स्थाई, तो वो खुद ईश्वर रहा है
न चेहरा, न आकार
बस है उसका संपूर्ण विस्तार
वो ब्रह्मांड को चलाने वाला
वो ही संपूर्ण सार है
वो ही ईश्वर, परमात्मा और परवरदिगार है।

2

माधव, तुमने ही अर्जुन का साथ दिया

तुमने ही मीरा को अमर किया

हे देव, तुम मिटा दो मुझे या सर्वश्रेष्ठ बना दो मुझे

तुम्हारे ही शरण में मै भी आई हूं

ना मेरा यहां कुछ था, ना ही है पर जो तुमने दिया वो
सर्वस्व देने आई हूं

मेरी हार भी मुझे मंजूर होगी, अगर तुम साथ हो

मेरी जीत में भी तुम ही हो

हे अर्जुन के प्रिय ईश, मीरा के न्यायधीश

मेरा साथ भी देने आओगे न?

जब भी बुलाऊंगी तुम्हें, तुम चले आओगे न?

3

हार जाऊं तो शिकन न हो

अकेले पड़ भी जाऊं तो टूटन न हो

दीवानी बन जाऊं तुम्हारी

हे गोविंद! ये जीवन हो जाए निसार सारी;

बस तुम्हारे लिए

मन हमेशा तुम में लीन हो

मेरा प्रेम स्वार्थ हीन हो

कौन कहता है ईश्वर हमारी रक्षा नहीं करते

हर मुश्किल में वह हाथ पकड़ के हैं चलते

ये मेरा विश्वास अटूट रहे, बस तुम्हारे लिए।

4

तुम शांत हो, तो मै क्यों अशांत रहूं

तुम से ही तो सीखा है, मुश्किलों में भी मन को शांत रखना

जिस गति से जिंदगी चल रही, उसी गति से है चलना

न भूत का पछतावा हो, न ही भविष्य का भय

जिस राग में तुम सुना रहे अपनी मुरली की तान उसी राग में बहता रहे मेरे जिंदगी का लय

क्यों नाराज़गी हो हारने का, क्यों खुशी हो जीतने का

मै तो निम्मित मात्र हूं, सब करते तो तुम हो

हे कृष्ण! फिर मेरे अंदर किस बात का गुरूर हो?

5

कोई कहता है बेईमान हूं

कोई कहता है मूर्ख अंजान हूं

हे दैव! जब तुमसे प्रीत लगा बैठी

मुझे फर्क नहीं पड़ता कौन क्या कहेगा

बस मै उधर ही बह जाऊंगी दरिया जैसे

जिस ओर तू बहने को कहेगा

तू हाथ पकड़ कर चल दे साथ मेरे

जिस दिशा में ले जाएगा तू

मै उसी दिशा में चलने को तैयार हूं ।

6

वो सुनता जरूर है

हमारी हर पुकार

पर वो देखता है

क्या होगा गर हम गए हार

क्या वही भरोसा रहेगा

हमारा उस पर

या फिर सारा दिखावा है

मन का छलावा है

एक बार खरे उतरे उसके हर इम्तिहान में

तो हर मुश्किल से पार हो जाओगे

जितनी भी गुहार लगाए होगे, वो सब पूरे पाओगे।

7

तुम भरोसा तो रखो

फलक पर सूरज फिर आएगा

ये काले बादलों का साम्राज्य

जल्द ही जाएगा

वो है कर्ता धरता

वो ही संभालने वाला

तुम्हारी हमारी सबकी पुकार सुनने वाला

परिंदा फिर उड़ान लगाएगा

सूरज आएगा फलक पर, जरूर आएगा।

8

इनायत हुई नजरें आपकी

और मै काबिल हो गई

ऐसा लगा सबकुछ हासिल हो गया

वो मुस्कुराता चेहरा आपका देखकर

ऐसा लगा हृदय के मरुभूमि पर जल का संचार हो गया

इनायत हुई नजरें आपकी

सबकुछ हासिल हो गया।

9

वो जो हारे हैं

जीवन में

उन्हें तुम ही तो शक्ति देते हो

वो जो पथ भ्रष्ट हुए हैं

जीवन में

उनका हाथ थाम, उन्हें मुश्किलों से दूर ले जाते हो

हम सब तुम्हारे ही तो सहारे हैं

तुम साथ नहीं, तो हम सब कुछ हारे हैं।

10

तुम न हो तो, जीत भी हार है

तुम हो साथ, तो हार भी जीत है

तुम्हारी छत्रछाया में

हमारा जीवन संवरता है

तुम अमंगल हरने वाले

तुम्हारे साथ रहने से सब मंगल ही ठहरता है

तुमसे ही हम सब हैं, ये चांद, सितारे और नभ हैं

तुम्हारे बिना हम कहां कुछ कब हैं।

जीवन के नाम

जीवन- उतार चढ़ाव, खुशी- दुख अनिश्चितता और संघर्ष का नाम है ।

कहीं दिलासा देकर तो कहीं हौसला देकर जिंदगी को जीने की कला है!

11

कुछ शिकायत है जिंदगी से

कहीं शुक्राना करना है

कहीं शांत रहकर

कहीं अपने हक के लिए लड़ना है

कोई मिले तो गले लगाना है

कहीं कोई साथ छूट जाए, तो उसे भूल जाना है

जिंदगी संघर्षों से चलती है

यहां सुख - दुख का ताना बाना है

कुछ नाम मिटाकर, कुछ नाम कमाकर

फिर यहां से चले जाना है ।

12

माना की मै सब्र कर लेती हूं

कतार में सबसे पीछे खड़े होकर अपनी बारी का भी इंतजार कर लेती हूं

जो चीज मिलनी चाहिए थी नहीं मिली

फिर भी मुस्कुरा देती हूं

पर सीमा भी तो होती है किसी चीज़ की

फिर मै ही हर बार क्यों इस कठिन इम्तिहान के लिए चुनी जाती हूं ।

13

हर किसी के जिंदगी में

अपना किरदार निभाकर

अब थोड़ा ऊब चुकी हूं

किरदार अपना निभाते –निभाते

इतना तो समझ चुकी हूं

कुछ नहीं हासिल होने वाला

मै उसी तरह गुलदस्ते का फूल हूं

जिसके मुरझाने पर

उसका स्थान किसी और को दिया जाता है

मै वही किरदार हूं, जिसको हर कहानी का साइड कैरेक्टर बना दिया जाता है।

14

उछाल कर मिट्टी, किसी पर
तुम कौन सा सुकून पाओगे?
शहनाई बजे तुम्हारी जीत पर
जो चूक गए, उन पर हंसकर क्या पाओगे?
भूल जाना जमीन को, सबसे बड़ी हार है
आसमा में तुम कबतक टिक पाओगे?

15

स्मार्ट हूं पर बेहतरीन नहीं

ऑप्शन हूं पर चॉइस नहीं

सुनने को राज़ी, पर मेरी सुनने वाला कोई नहीं

कोशिश की पर कोशिश भरपूर नहीं

ये जो नजरअंदाज हुए जाने का सफ़र है

ये आसूंओं से मुस्कुराने तक का सफ़र है

आई एम इंटेलीजेंट, बट नॉट इनफ

बट आई नेवर वांट टू गिव अप!

16

कभी - कभी बिल्कुल शांत रहने से भी

शिकायत नहीं होनी चाहिए

क्योंकि कभी – कभी बिना बातें किए बहुत सी बातें हो जातीं हैं

दो लोगों के बीच पसरा खालीपन

अपने आप भरने लगता है

न भी हो कोई बात, डरना नहीं चाहिए

कभी - कभी शांत रहने से पुराने घाव भर जाते हैं।

17

किसी के न होने का एहसास सबको है

मगर जो है पास उसके होने का एहसास किसको है

वो जो चला गया,उसके जाने का गम हर किसी को है

पर जो है पास, उसकी कद्र किसको है?

माना की जो किस्मत में नहीं थे, नहीं मिले

पर जो हैं खुदा की रहमत से, उनसे कौन से गिले शिकवे हैं?

18

संयम रखना अच्छी बात है

पर कबतक?

जबतक वो टिमटिमाता दीया बुझ न जाए

फिर उस संयम से क्या होगा?

न वो दीया फिर जलने वाला

न ही संयम रखने से कोई मतलब

जब निराशा के अंतिम छोर अहम पहुंच जाता है

कोई भी, तब उसका संयम रखना और न रखना सब बराबर हो जाता है।

19

गैरों में अपनो को ढूंढते रह गए

और अपनो में गैर को देखते रह गए

बड़े बड़े भाषण ही देते रह गए हम

तजुर्बा बहुत है, रह गया यही वहम

ये कैसी दशा थी ये कैसा वहम था

तजुर्बा झूठा था या झूठा अहम था

निसार थी मै जिसपे, अहमियत दी नहीं उसने

जो मुझ पर कुर्बान हुआ जा रहा था, कीमत उसकी
समझी नही मैने।

20

मै भी तलाश ही रही हूं

किसी अजनबी को

जो बैठ कर दो पल

मेरी बातें सुन सके

अपनो को हौसला देते देते

मै हार गई हूं

कोई अजनबी है क्या?

क्योंकि मै किसी अजनबी को ही तलाश रही हूं।

स्त्री के नाम

स्त्री होकर, स्त्री के मन की दशा न समझूं, तो ये मेरा दुर्भाग्य होगा !

21

थोड़ी मॉडर्न हूँ, पर आवारा मत समझना

सेल्फ डिपेंडेंट हूँ, पर एगोस्टिक मत समझना

खुद के लिए कुछ पल बचाती हूँ, पर सेल्फिश मत समझना

जैसी हूँ, वैसा दिखना थोड़ा कम पसंद करती हूँ

ट्रेंड को जरूर फॉलो करती हूँ

मै खुद, प्रायोरिटी लिस्ट में सबसे ऊपर हूँ

हो या ना हो, लोग मानते हो या न मै सबसे सूपर हूँ

आज के लोग मुझे न जाने क्या क्या कहते हैं

पर मै एक मॉडर्न लड़की हूँ, कॉन्फिडेंस साहब मेरे दिमाग के सबसे ऊपर वाले फ्लैट में रहते हैं ।

22

वो मोमबत्ती जैसे जलती

पूरे घर को रोशन करती

और खुद ही पिघलती है

खुद से खुद में सिमट कर रह जाती है

पूछो हाल तो, अच्छा ही बताती है

टूटा छत हो, या नए घर की नींव पड़ी हो

वो उस घर को घर जैसा बनाती है

होती न वो औरत घर में

तो रौनक कहां से आती

वो खुद जलकर पूरे घर को रोशन करने वाली

अपने पल्लू के एक सिरे से सारे आसूं अपने पोंछ डालती ।

23

वो फूल के कोमल कली जैसी
जैसी परिस्थिति ढल जाती वैसी
डर जाती है तेज आवाज से
अपनो के लिए लड़ जाती पूरे समाज से
वो घर संभालने वाली
अब देश चलाती है
वो बर्तन से धूल साफ करने वाली
अब विमान उड़ाती है
बंदिशों की जंजीर तोड़
वो आज देश का गौरव बढ़ाती है ।

24

दिल नहीं वो कब्रगाह है

जहां उसके अरमान, उसके आशाओं का मृत शरीर पड़ा है

अब जगह नहीं बची पर फिर भी सारे बेजान उम्मीदों को वो वहीं जगह दे रही है

हर सुबह एक नई उम्मीद लेकर जगती है

शाम होते होते उन्हें दफनाने की तैयारी करती है

लोगों को नहीं पता इस बेनाम कब्रगाह के बारे में

जहां अनजाने में वो ही दफन हो रहे हैं ।

25

किसी ने सुना है

मै तहज़ीब भूल रही हूं

किसी ने कहा है

मै बदतमीज हो रही हूं

ऊंची आवाज़, हक के लिए

किसी को नहीं पसंद

संतोष और धीरज होना चाहिए

नारीत्व के लिए

ये सरहद खींची गई

मेरे और अधिकारों के बीच

मै ही उलझ के रह जा रही हूं

इन झूठे वादों के बीच।

26

उसकी आवाज धीमे थी

शब्द लड़खड़ा रहे थे

लोगों ने उसकी पुकार सुनी नहीं

वो बड़ी सहनशील है लोग सुना रहे थे ।

वो बदतमीज है

वो तहज़ीब भूल रही है

ये लोग कहने लगे हैं

फर्क बस इतना आया है

उसने अपना हक मांगकर अपना हक जताया है ।

27

मुश्किलें कितनी भी हों
एक बार फिर से मुस्कुराती हूँ
बिखर गए हैं जो सपने
फिर से उन सपनों को सजाती हूं
रेत से फिसलते उम्मीदों को
फिर से मुट्ठी में कसकर बांधती हूं
आसमा के पार, सरहदों को तोड़
कहीं से तो हौसला ढूंढ कर लाती हूं।

28

अपना किरदार भी क्या बखूबी निभाते हैं हम

मुस्कुराकर छिपा लेते हैं गम

हमसे बेहतर हमारा किरदार कौन निभा सकता है

कौन सब कुछ खोकर भी हंसने की हिम्मत रखता है

हमसे बेहतर हमे और कौन जान सकता है?

29

तुम उलझ कर ख्यालों में

क्यों सवाल उठा रही हो अपने बारे में

क्यों खुदा को दोषी ठहरा रही हो

क्यों नए उलझन से नाता जोड़ती जा रही हो

लोग कहते रहेंगे, तो क्या तुम सुनती रहोगी?

सुन सुन कर उनकी बातें, क्या नया सवाल खुद पर
बुनती रहोगी?

छोड़ दो यह खुद के अस्तित्व पर सवाल करना

रहने भी दो चलने दो जिंदगी को आहिस्ता आहिस्ता
मत करो बवाल इतना!

30

बिल्कुल तमीज भूल चुकी हूं

ये सुनने में आया है

किसी गलत बात पर आवाज ऊंची की हूं

मै बदतमीज हूं सुनने में आया है

लोगों की बनाई हद की लकीरें तोड़कर आगे आई हूं

इसलिए, मै बेशरम हूं सुनने में आया है

अपने हक की बात की हूं

गुनहगार हूं सुनने में आया है ।

स्वयं के नाम

31

लोगों को दिलचस्पी है

उन लिफाफों में, जो मैने खुद के नाम लिखा है!

हां उन लिफाफों में कैद अपने हिस्से का अकेलापन, कुछ खास बातें और अपने हिस्से का प्यार रखती हूं

आंखों से पानी गिरकर सूख जाता है

इसलिए अपने हिस्से के कुछ आसूं लिफाफे में बचाकर रखती हूं

कुछ खास नहीं बस मेरे नाम का खत है जो मैने ख़ुद लिखा है

अपने हिस्से में आए प्यार को संभाल कर रखूं

इस बात का ख्याल रखती हूं

स्वयं के नाम भी तो कुछ होना जरूरी है

जिस दिन मैं खाली हाथ हो जाऊं उस दिन के लिए खत ये रखती हूं।

32

कोई भी उलझन हो

पहले उलझ जाती हूं

न जाने क्या होता है, स्वयं ही सुलझ जाती हूं

पहले अश्रु बहाकर

फिर न जाने क्यों हंसकर बात टाल जाती हूं

नादान जैसी हरकते करके

स्वयं ही बड़े होने का जिम्मा उठा लेती हूं

खुद पर ही सवाल करके

जवाब खुद ही ढूंढ लेती हूं ।

33

क्या किसी को कहानी बताऊं?

टूटे बिखरे चाहत

अब किसको अपनी आपबीती सुनाऊं?

स्वपन में मौन रागनी

ख्वाबों को हकीकत में कैसे लाऊं?

प्रयास सारे निष्फल हुए

मै क्यों श्रृंगार रस गाऊं?

हताश हो जा रहा हृदय

अब कब तक यह किरदार निभाऊं?

34

कुछ वादों को कर हम निभाते नहीं हैं

पर क्या थी वजह बताते भी नहीं हैं

गुबार हो किसी के मन में हमारे लिए

तो समझना गलतफहमी में जी रहा है वह

वादा निभाकर मिटने वालों में से हम हैं शायद जानता नहीं है वह ।

35

लोगों के बीच हम बेचैन हो जाते हैं
यकीन नहीं होगा दोस्त
अब हम अकेले ही जश्न मनाते हैं
अपने हो या गैर, देख मुस्कुराते तो हैं
यकीन नहीं होगा दोस्त
अब हम अकेले ही जश्न मानते हैं
हालात कैसे भी हों
अब हम अकेले ही खुद को महफ़ूज़ पाते हैं।

36

हम कुछ बदल रहे हैं

जैसा ना सोचा था वैसे ही हो रहे हैं

ठीक ठीक याद नहीं जिंदगी से इतनी शिकायत क्यों हो रही है?

जिंदगी जीने के लिए मंजिल होना जरूरी है

पर यहां कहां किसी की ख्वाहिशें पूरी हैं

हम हमारी ही बात कर रहे हैं

हंसी ठिठोली में खुद से बगावत कर रहे हैं!

37

थामू किस किस का हाथ

अंत में कोई लौट कर नहीं आएगा

वक्त है

रेत की तरफ फिसलता जाएगा

किस-किस से वफादारी करूं

अंत में कोई बगावत कर ही जाएगा

सब यहां झूठी तसल्ली देते जा रहे हैं

कौन यहां हाथ पकड़ मुश्किलें पार करने आएगा

अच्छा होगा खुद से खुद ही सिमट कर रह जाऊं

यहां कौन अपनापन सा ख्वाब बनकर आएगा?

38

नादानी वह करते हैं या हम
चलो टूट गया यह भी वहम
लोग कहते हैं हम गुनहगार हैं
हमसे खता क्या हुई फिर भी हम शर्मसार हैं
हम ठहराए गए गुनहगार झूठी अफवाह पर
हालातो की मार नहीं, जज्बातों की शिकार हूं
मैं हजारों में से ही कोई बेगुनाह गुनहगार हूं ।

39

मुश्किल से मुश्किल हालातो से लड़ जाती हूं
पर ऊंची आवाज़ से डर जाती हूं
फूल से कोमल मन को जब कड़वे शब्द तोड़ देते हैं
एक एक कर समेट लेती हूं
छोटी छोटी बातों का ख्याल रखती हूं
बड़ी बड़ी बातें भूल जाती हूं
भरोसा तोड़ने से डर लगता है
वफादारी करने के लायक कोई नहीं दिखता है!

40

हम खुद का वजूद खोकर

दूसरों को रोशन कर रहे हैं

अक्सर ज्यादा इंसानियत हमे खा जाती है

न जाने हम कौन से उसूल दिल में लेकर चल रहे हैं

कांटों से डर कर गुलाब मरा नहीं करते हैं

हम शराफत की राह पर चलकर ठगे जाने की शिकायत नहीं किया करते हैं

चुप्पी, हमारी कोई तूफान आने का संकेत नहीं है

हम शांत रहकर मुस्कुराने की आड़ में लोगों को रुलाते नहीं है।

लोगों के नाम

कुछ लोग हैं जीवन में हारे, कुछ हैं हताश

जगाना है उनके अंदर का आत्मविश्वास जो हैं निराश ।

41

खुला आसमा,बड़े सपने

हद एक, पर हद से गुजरने लगे हैं सपने

एक जिद है, मुश्किलों के पार जाकर

देना है अपने सपनों को आकार

ये लोग कहते रहेंगे

मै काबिल नहीं, हामी भरते रहेंगे

भरने दो हामी सबको हां में हां मिलाने दो

इंतज़ार है, मुझे भी ज़रा अपना मुकाम पाने दो ।

42

हताश क्यों हों?

निराश क्यों हों?

माना की कोशिशें निष्फल हैं

पर बाज़ुओं में बल है

नहीं मिला सागर का मोती तो

आसमा से चांद – तारे तोड़ लाएंगे

हम हैं सबल, वीरता के ही गीत गाएंगे

क्यों हताश हों?

क्यों निराश हों?

43

चेहरे पर दरार पड़ भी जाये

मन को चकनाचूर न करना

अंधेरे में चांद सा रोशन होना

न बन पड़े, दीपक सा जलना

चेहरे पर दरार पड़ भी जाये

मन को चकनाचूर न करना

क्योंकि मन के हारे हार है

मन के जीते जीत

जो तू हार गया

फिर तेरे सपनो का क्या होगा मेरे मीत?

44

किस्मत के रूठ जाने से
सपने मरा नहीं करते हैं
हालातो की मुश्किल हो जाने से
वीर डरा नहीं करते हैं
अभिमन्यु सा लड़कर देखो
खुद को गाथाओं में पाओगे
अंतिम नहीं होती मृत्यु
तुम मृत्यु को प्राप्त कर भी अमर हो जाओगे
वीरगति को प्राप्त अमृत्व ही पाते हैं
कायर सदैव उपहास के ही पात्र रह जाते हैं।

45

जब जब सपने, सपने ही रह जाते हैं

हम तब भी मुस्कुराकर रह जाते हैं

मानती हूं दिल भर जाता है आंखे हो जाती हैं नम,
फिर भी कोई नहीं गिला

जैसे सपने मेरे हैं, वैसे और किसी के ख्वाब होंगे

आज नहीं तो कल, उसके पास मेरे लिए जवाब होंगे ।

46

अब मातम नहीं, खुद को फौलाद बनाना चाहिए

कश्ती ना चले पतवार से तो हाथों से चलना चाहिए

अख्तियार नहीं हमे, हम कुशल होते हुए भी आंखों से आसूं बहाएं

एक कोशिश और करनी चाहिए ।

47

जब तुम सिमटने लगोगे

चौराहा होते हुए भी रास्ता नजर न आए

सूरज आसमान पर चमक रहा हो तुम्हें हर तरफ अंधेरा ही नजर आए

तुम भरोसा रखना तब, तुम्हें तैयार किया जा रहा है किसी बड़े मुकाम के लिए

तुम सिमटने लगो आंखों में पानी आ जाए

तुम भरोसा रखना उस पर, वह ध्यान रखता है किसी के साथ अन्याय ना हो जाए ।

48

क्यों हार जाऊं मैं?

मुश्किलों ने दस्तक दी

और मान जाऊं मैं?

माना कि आज आंखों में आंसू आ भी गया

पर क्यों हार जाऊं मैं?

मुश्किलों ने दस्तक दी

पर क्यों मान जाऊं मै?

49

किसी युद्ध में हार जाने से
किसी के कहकर गुजर जाने से
तुम्हारे बस की बात नहीं
मत करो खुद को निराश
मत करो खुद को हताश
किसी पुष्प के मुरझा जाने से
वृक्ष मरा नहीं करते हैं!

50

होती है माथे पर थोड़ी शिकन

दिल घबराता है

कामयाब होंगे या नहीं

ये सवाल उठता जाता है

अंधेरा तब तक कायम रहता है, जब तक सूरज न आसमा पर आए

जरूरी है पर उससे पहले ,

हम दीप जलाएं

छोटे छोटे ही कदम

बड़ा सफर तय कर जाते हैं

सफर शुरू करने से पहले

सब घबराते हैं

अंत को आरंभ करिए

पहले दीपक, फिर सूरज बनिए ।

51

सपनों के अंगारों में

जीवन के श्रृंगारों में

कहां छिपा है असल मोती

ढूंढ कर लाना है

हालातो की मार से

गिर जाना मेरा अंत नहीं

सबको यही बताना है।

52

वो निर्बल नहीं, सबल होंगे

बार बार आघात से रो पड़े होंगे

पर यह तो अंत नहीं

जितना गहरा आघात होगा

उतना ताकतवर प्रतिघात होगा

यही तो शुरुआत है

अश्रु बहाने से कमजोर नहीं होंगे

इस बार के उनके वार और मजबूत होंगे ।

53

तुम डरते हो पथिक, लड़खड़ाने से

यहां कितने ही वीर हैं, डरते नहीं गिर जाने से

यहां उसका ही परचम लहराता है

जो हर पीड़ा को आंख बंद किए सह जाता है,

पथ के काटें, दुरगामी है पथ?

चल इन कांटों से होकर है कितना तुझ में हठ?

क्यों माथे पर हाथ रख बैठा तू, क्यों आंखों में निराशा छाई है?

मंजिल दूर नहीं भले पथ दुखदाई है ।

54

वो तूफान आया

बुत गए सारे दीए

आशा के आने की कोई दिशा नहीं रही

हर ओर अंधेरा है

रात गहरी काली है

पर दिन का आना तय है

अंधियारे का ढल जाना तय है ।

55

हौसला रखिए तो यह दौर भी गुजर जाएगा

जिस वक्त को गुरूर है अपनी ताकत पर

जब वक्त का वक्त चला जाएगा

उस वक्त का गुरूर चूर ही हो जाएगा

खुद वक्त को भी आदत नहीं

एक सा रहने की

आप हौसला तो रखिए

जरूरत नहीं डरने की ।

बेनाम

कभी कभी कुछ किसी के नाम न भी करना अच्छा होता है!

56

कभी-कभी हारना भी मुनासिब होता है

अपने लिए ना सही किसी और के लिए

मुस्कुराकर ताली बजाना भी मुनासिब होता है

अपने लिए ना सही किसी और के लिए

जो जिसका हक उसे मिलना चाहिए

जो जितना काबिल उतना उसके हक में मुकम्मल होना चाहिए।

57

समझदारी अब मजबूत हो रही है

उनकी खुशी में शामिल होने में खुशी हो रही है

दुख में साथ चलने का वादा है

उनके पीछे उनका नाम न मिटने देंगे ऐसा इरादा है

समझदारी अब मजबूत हो रही है

मुश्किलों में पल बढ़कर

वक्त के साथ तरक्की कर रही है ।

58

हसरतों की बस्ती में वो

सुकून ढूंढ रहे थे

ऐसा लगा वो दरिया में ही किनारा ढूंढ रहे थे

एक लहर इधर से आई, एक लहर उधर से

जो कस्ती थी उसके पास वो भी डूब गई दरिया में।

59

इंसान क्या चाहता है?

जमी की कद्र ना कर

वह आसमान पाना चाहता है

जो है उसके पास उसका जिक्र न कर

वो चांद सितारे तोड़ लाना चाहता है

बस बात इतनी है

जो भी है इंसान के पास, उसे छोड़

वह और सब कुछ पाना चाहता है।

60

हालातों की मार ने
उम्र से पहले ही बूढ़ा बना दिया
खता क्या थी मेरी
बस हौसला आसमा को चूमना था
पर वक्त ने जमी को कदमों से
नापना सिखा दिया
हकीकत का थप्पड़ जब पड़ा इन मासूम गालों पर
तब वक्त ने हद में रहने का तरीका दिखा दिया।

61

कुछ तुम कहो जिंदगी, कुछ मै सुनाता हूं
गुफ्तगू जरूरी है ये पसरा अकेलापन मुझे डराता है
क्या मुझसे नाराजगी है कोई?
क्यों मेरे हर फैसले तुम्हे नहीं जंचते
क्या गुनगुना रही तुम अभी
तुम वक्त पर कुछ देती नहीं कभी
कहती हो मुझे सिखा रही हो
क्या क्या खोकर, फिर मै क्या पाऊंगा?
गर पाया कुछ वक्त के बाद तो मै उसका मूल्य क्या बताऊंगा?

62

इस रस्ते पर नहीं चलना

तो दूसरे रस्ते पर कदम बढ़ाओ

ये जिंदगी संघर्ष है

न बस चले तो दूसरे शहर में बस जाओ

हवेलियां तो खंडहर होती रहेंगी

तुम खूब नाम कमाओ ।

63

नहीं था कोई गवाह
की वो गुनहगार था
गुनाह उसने कोई नहीं की
वो बेगुनाह था
गवाही की मांग पर वो खाली हाथ आया
अपने साथ गुनहगार होने का सबूत लाया
जिस गुनाह की सज़ा उसे नहीं मिलनी थी
आज वो बेगुनाह खुद को गुनहगार करार पाया।

64

न हो गुबार

न हों पहरेदार

जिंदगी को आराम दें

ख्वाइशों को विराम दें

सारे ख्वाब सच नहीं होंगे

कुछ को दहलीज से लौटने होंगे

मत कीजिए खुद को इतना हैरान

जिंदगी को भी दें थोड़ा सा आराम ।

65

उम्र ढलती जा रही है
तजुर्बा बढ़ता जा रहा है
मिला कोई अपना या गैर
बताना उसे, जो सीखा उम्र भर
किसी कश्ती को दरिया के उस पार पहुंचाना
किसी परिंदे को उड़ना सिखाना
ए मेरे दोस्त, जिंदगी से गिला शिकवा छोड़
किसी पंथी को पथ दिखाना।

66

वो हल्की सी मुस्कान थी

उसमें थोड़ी सी जान थी

बाकी उस मुस्कान को हम अधमरा भी कह सकते हैं

दास्तां क्या है इस मुस्कान की पूछ भी नहीं सकते हैं

चारदीवारी में ये मुस्कान गायब हो जाते हैं

फिर न जाने कहां से लोग इस बनावटी मुस्कान को लाते हैं

ए जिंदगी मत सता इन्हें इतना भी, की दिखावा करना पड़े

क्यों इस कदर किसी को चोट पहुंचाना कि छलावा करना पड़े।

67

क्यों गुमान हो

हां, पर स्वाभिमान हो

किसी मुश्किल में किसी के काम आएं

किसी के इतना करीब न जाएं

किसी के लिए छत बन जाएं

मकान बनने की कोशिश में न लग जाएं

सबकी बातों पर गौर कीजिए

कोई बड़ा कदम मत लीजिए।

68

किसी साये में

मुंह छिपाकर रोना था

मां की पल्लू में

सिर ढांपकर सोना था

पिताजी की उंगली पकड़ कर

कुछ और दूर चलना था

आंखों में सपने जो तैर रहे थे

उन्हें पूरा करना था

पर यहां हम आए हैं

घर की बड़ी बेटी बनकर

जल्द ही अपने बचपने से

विदा लेना पड़ा है

क्योंकि इस उम्र पर भी

फ़र्ज़ हमारे लिए बाहें फैलाए खड़ा है।

69

कुछ थे रिश्ते ऐसे

बातों से सुलझे हुए

हकीकत में उलझे हुए

सामने होने पर आंखों के कितने सवाल दिखते हैं

पर ये जो बिखरा है सन्नाटा, ये बवाल होने नहीं देते हैं

खो न दें एक दूसरे को

इसी डर में अभी तक जीते आए हैं

पर ऐसा कौन सा त्योहार है जब हम एक दूसरे के लिए तोहफे लाए हैं

उलझन ऐसी थी, सुलझने का नाम नहीं ले रही थी

ताज़ुब होता है, फिर भी ये रिश्तों की बागडोर कैसे संभल रही थी।

70

सबसे झुककर ही मिलता हूं

पर आंखों में स्वाभिमान भी है

सम्मान कोई खेल नहीं

सम्मान कोई कारोबार नहीं है

झुकना मेरी कमजोरी नहीं

विनम्रता रखना मेरी आदत है

गर कोई नहीं देता मेरे बराबर सम्मान

उससे भी बगावत करने की मेरी आदत नहीं है।

71

जिम्मेदारी ने कितने जुर्म किये हैं
गिनती लगा पाना मुश्किल है
कुछ सपने दम तोड़ देते हैं
घुट घुट कर जिम्मेदारियों के तले
कुछ ख्वाइशों ने तो खुदकुशी कर ली
इतना रोकने के बावजूद
कितने ख्वाबों की जिम्मेदारियों ने
जबरदस्ती हत्या कर दी
लोग निभाते रहते हैं फ़र्ज़
अपने अरमानों की आहुति देकर ।

72

लोग कहते हैं वादे उनके पक्के हैं

पर हालातों के बिगड़ने से पता चलता है लोग कितने कच्चे हैं

कच्चे प्यादे

पक्के वादे

किसी ने ठीक कहा है, सारे प्यादे सुख पर बिके हैं

सारे वादे झूठ पर टिके हैं।

73

क्या पता कब वक्त खत्म हो जाए

क्या पता एक लफ्ज़ आखिरी लफ्ज़ बन जाए

किसी का कॉल आखिरी कॉल बन जाए

किसी से आखिरी बार न मिल पाना रिग्रेट रह जाए

वक्त बताकर नहीं खत्म होता

जल्दी अपने फैसले बदलो कहीं देर न हो जाए ।

74

कुछ अजनबी होते हैं

पर वह अजनबी नहीं होते हैं

किसी अजनबी रास्ते पर किसी अजनबी से मिलना

कितना अजीब लगता है

पर किसी अजनबी से अजीब सा लगाव क्यों होता है

क्योंकि शायद कभी-कभी किसी अजनबी से मिलना

अजब होता है, वह अजनबी नहीं पर अजनबी होकर भी अपना होता है ।

75

ना हम किसी के अपने हुए

ना हमारा कोई पराया

ना बरसात से कभी नाराज हुए

न छाता सर से नीचे कर पाया

किसी मशहूर ने दम तोड़ा होगा कहते हुए

ना मैं लोगों से धोखा कर सका, ना ही खुद से वफादारी कर पाया ।

76

जवाब में आए तुरंत ना को भी

स्वीकार करना सीखो

यही स्वीकृति हमें किसी भी अस्वीकृति से

विचलित नहीं होने देगी

अचानक से आए अस्वीकार को स्वीकार करना

यह स्वीकृति देता है

कि आप जीवन में किसी के द्वारा कभी भी ना स्वीकार किए जाने पर

आप स्वयं को अस्वीकार नहीं करेंगे ।

77

किसी दयनीय पुकार को

हम अनसुना कर जाएं

यह कहां तक अच्छा होगा?

हालातों की मार से

हम हार जाएं

यह कहां तक अच्छा होगा?

सही होकर भी चुप हो जाएं

ये कहां तक अच्छा होगा?

हम मानुष जाति के विवेक भूल जाएं

कहां तक अच्छा होगा?

78

किस मोड़ पर क्या होने वाला है

किस मोड़ से किसका साथ छूटने वाला है

हमें नहीं पता

किस मोड़ पर जिंदगी हमें ले जाएगी

किस पतंग से हमारी पतंग काट दी जाएगी

हमें नहीं पता

किस मोड़ पर एक और मोड आएगा

क्या लेकर और क्या देकर जाएगा

हमे नहीं पता।

79

कोई तो होगा, कहने वाला

आई एम बेस्ट

कोई तो होगा, कहने वाला

इट्स ओके, ट्राई फॉर नेक्स्ट

झूठी हमदर्दी जताने वालों

झूठी बात को तोड़कर सच बनाने वालों

पता है, मेरे कामयाबी के किस्से तुम्हे अंदर ही खा जाते हैं

पर मानना पड़ेगा, ये दिल पिघला देने वाले मुस्कान
आखिर कहां से आ जाते हैं

छोड़ो, नहीं भी मिला कोई, चियर अप करने वाला

हम तब भी कामयाबी की सीढ़ी चढ़ते जाएंगे

नहीं मिल सका, गर कोई अपना

हम गैरों के साथ ही जश्न मनाएंगे ।

80

हर शख्स की शख्सियत अलग है

हर इंसा में इंसानियत अलग है

कोई मर मिटता है, गैरों के लिए

कोई अपनो को लिए एक वक्त की सांस उधार नहीं दे सकता है

चराग जलते हैं बहुत, ग़र कोई अकेला ही तूफान से लड़ता है

मकान में ओहदेदार कई मिले, पर आदमी न मिला

इंसान के लिबास में कई धोखेबाज मिले पर वफादार न मिला ।

81

वक्त ने बहुत कुछ सिखाया
पर सही वक्त पर नहीं
आंखों में जीतने का ख्वाब भी आया
पर वो हकीकत तो नहीं
मुस्कुराकर जीते हैं
पर वो असली मुस्कान तो नहीं!

82

वक्त रेत सी फिसलती जा रही है

चेहरे पर भोलेपन से अनुभव की छाप पड़ती जा रही है

बेफिक्र मन, फिक्रमंद हो रहा है

भावनाओं में दिल घुलने लगा है

वो मासूम अपने आप से दूर होने लगा है

वक्त बदल रहा है

बच्चा अब बड़ा हो रहा है!

83

विरासत में पाया है, या नहीं
ये बात तो मुझे पता नहीं
पर मेरे हक में आया है इंसायनिय
लोगों के झूठे वादों में
उनके बुरे इरादों में
मैने पाया है अपने हक में
इंसायनिय
नियत अच्छी हो या न हो
पर मेरे हक में आया है
इंसानियत ... !

84

झुकना पड़ा

अपना गुरुर तोड़कर

रुकना पड़ा

एक अनजाने मोड़ पर

गलत ना होकर भी

कसूरवार ठहरना पड़ा

बेरुखी उनसे ज्यादा समय तक टिक ना सकी

कुछ गहरा रिश्ता था

वो नफरत की दीवार

ज्यादा देर तक खड़ी न रह सकी ।

85

मैं सरदार होकर झुकता रहा

अपनो के खातिर मानो बिकता रहा

मैं सरदार हूं पर ऊंची आवाज मुझे भाती है

पर उस ऊंची आवाज़ में रत्ती भर कड़वाहट हो तो मुझे वो आवाज़ सताती है

सरदार होकर मैं अधिकार नहीं छीनता हूं

सरल भाव से सब की बातें सुनता हूं

पर दे ना सके मेरे लोग वह जिसका मैं हकदार था

सरदार होकर भी सरकार ना हो सका इस अन्याय का गवाह परवरदिगार था ।

86

हसरत ही रहे

तभी अच्छा है

चांद हाथ लगने के बाद

चांद, चांद नहीं लगता है

कीमत उसकी तभी तक रहती है

जब तक आसमा में चांद रोशन होता है

हाथ लगने के बाद, चांद, चांद नहीं लगता है।

87

अहम था या वहम

जो भी था, हुआ तो कम

अहम के नाते हम आसमा से जमी पर आ जाते हैं

वहम होता है तो जमी पर होते हुए आसमा में उड़ान लगाते हैं

मिटा दें जड़ से इन्हें हम

वरना गिरना तो तय है अहम हो चाहे वहम।

88

पहले मै उनपर यकीन करता हूं

यकीन कर वादा भी करता हूं

सर्वस्व देने का

फिर वो मेरा यकीन तोड़ देते हैं

मै यकीन के पुर्जे पुर्जे को बटोरता हूं

मै खुद को ही कोसता हूं

नादानी हो या बेवकूफी

फिर यही खेल मेरे साथ कोई और खेल जाता है

और मैं पुर्जे ही समेटता रह जाता हूं।

89

कुछ पाने की चाह में

आज हमारा मर जाता है

कोशिशों के बावजूद

कुछ तो अफसोस रह जाता है

आज में न जीकर

कल में जीना

कल आने पर

फिर कल में रहना

क्रम यही चलता जाता है

फिर कल न आने का भी

मानुष, शोक मनाता है।

90

जीत जाना तब तक अच्छा नहीं होता

जबतक तुमको न लगे, तुम सच में जीत गए

कई लोग भीख में मिली जीत को अपनी जीत समझ लेते हैं

कई लोग जीतकर भी महसूस नहीं करते कि वो जीत गए हैं

उनके अंदर की वेदना हड़कंप मचाती है

तुम स्वयं से जीते हो या कोई आज तुमसे पीछे रह गया।

91

मै रूठकर चला जाता हूं

फिर कुछ समय बाद लौटकर उसी डगर पर वापस आता हूं

स्वाभिमान मेरा भी जिंदा है

फिर भी न जाने क्यों मै उसी रस्ते पर वापस आता हूं

शिकस्त खा, फिर उसी रस्ते पर कुछ दूर जाता हूं ।

92

जिंदगी में आगे बढ़ते रहिए

ठहरने का ठौर मिले तो ही ठहरिए

वरना चलते बनिए

किसी की जिंदगी में

जबरदस्ती घुसकर

क्यों नए कारनामे करना ।

93

अंतिम बात :-

सबको माफ करते चलिए

किसी को कसूरवार ठहराकर

उसका दिल मत छोटा कीजिए

पिताजी कहते हैं

आए हो दुनिया में तो

महान बनकर जाना

मान लीजिए, न बन सके महान

तो क्या, यहां व्यर्थ हुआ आना?

94

पिताजी को आश्वासन :-

चेहरे पर तजुर्बे की लकीरें पड़ने लगी हैं

उम्र अब बुढ़ापे की झुर्रियां गढ़ने लगी हैं

अब समय आ रहा है

जिंदगी कुर्बान कर दी उन्होंने, हमे काबिल बनाने में

कितनी ख्वाइशों को मार डाला, हमे इस मुकाम तक पहुंचाने में

अब उनको उम्मीद है

हम उनकी हार और जीत हैं

पिता, की उम्मीद पर जो खरा उतरना है

तो उनकी खींची हुई लकीरों पर ही चलना है ।

(महान बनने की अवधारणा को अस्वीकार करते हुए)

95

मां के लिए :-

मां तुम उदास मत होना

नहीं हुई मशहूर, तो हताश मत होना

क्यों पिताजी की बात दिल पर लेती हो

तुम तो सभी हालातों से लड़ लेती हो

मै महान न भी बन सकी, तुम तो महान हो

तुम सदैव शांत रहती हो

पिताजी की तरह महान बनने की बात नहीं कहती हो !

(धन्यवाद)

ईश्वर के नाम :-

मैने इसलिए लिखना चाहा क्योंकि हम अक्सर भूल जाते हैं उस को याद करना, हर स्वास के लिए ।

जिसकी बदौलत मैं लिख पा रही हूं, उसके लिए तो मैं इतना करने के काबिल हूं ।

वो है कर्ता, मै तो केवल निम्मित मात्र हूं ।

जिंदगी के नाम :-

जिंदगी के नाम इसलिए लिखना उचित समझी, क्योंकि जिन्दगी ही हमें जीना सिखाती है, गलती करके सीखना इसी क्रम में आता है।

जिंदगी से बहुत शिकायत रहती है, पर कभी कभी शुक्रिया करने का दिल कहता है।

स्त्री के नाम :-

मैने स्त्री के नाम लिखना क्यों चुना, यह मै स्वयं नहीं जानती ।

हालांकि स्त्री होकर स्त्री के लिए श्रद्धा अर्पण करने की एक छोटी सी कोशिश है ।

लोगों के नाम :-

लोगों के नाम लिखना जरूरी था, अक्सर लोग जिंदगी के उतार चढ़ाव में कहीं न कहीं खो जाते हैं, भटक जाते हैं।

बस उनके लिए एक छोटा सा प्रयास, ताकि वे अपनी मंजिल तक सकुशल पहुंच जाएं।

(अक्सर मंज़िल तक पहुंचना ही सफर नहीं होता है)

बेनाम :-

लिखना जरूरी था!

कुछ ऐसी बातें, जो किसी के अधिकार में न हों ।

पाठक वर्ग के लिए :-

सबका नज़रिया अलग होता है तथा सोचने समझने का दायरा अलग होता है।

इसलिए मै आपको मेरे अपने नजरिए से देखने को नहीं कहूंगी।

शायद क्या पता मेरी दृष्टिकोण में वह बात न आ सकी हो, जिस दायरे में आप देख रहे हैं ।

इसलिए आप आज़ाद हैं ।

प्रेरणा स्त्रोत :-

दिव्य प्रकाश दुबे जी को बहुत बहुत धन्यवाद, वे सदैव से मेरे प्रेरणा स्त्रोत रहे हैं ।

(जिंदगी नदी जैसी होती है, बहती है सूखती रहती है)

www.ingramcontent.com/pod-product-compliance
Lightning Source LLC
LaVergne TN
LVHW090420210926
848480LV00002B/637

9798904313005